This Manifestation Journal Belongs To

Day 1 of 5 **Date:** ____________________

Manifestation Intention

Write A Clear Description of Your Intended Manifestation As Though You Already Had it (Because You Do!)

1 ____________________
2 ____________________
3 ____________________
4 ____________________
5 ____________________
6 ____________________
7 ____________________
8 ____________________
9 ____________________
10 ____________________
11 ____________________
12 ____________________
13 ____________________
14 ____________________
15 ____________________
16 ____________________
17 ____________________
18 ____________________
19 ____________________
20 ____________________
21 ____________________
22 ____________________
23 ____________________
24 ____________________
25 ____________________

26
27
28
29
30
31
32
33
34
35
36
37
38
39
40
41
42
43
44
45
46
47
48
49
50
51
52
53
54
55

I Release This Intention To Manifest My Will With Love & Gratitude

Day 2 of 5 Date: ____________

Why Do You Desire This Manifestation?

Remember That The Clearer You Are About Your Intention The Easier It Is Manifest

1 ____
2 ____
3 ____
4 ____
5 ____
6 ____
7 ____
8 ____
9 ____
10 ____
11 ____
12 ____
13 ____
14 ____
15 ____
16 ____
17 ____
18 ____
19 ____
20 ____
21 ____
22 ____
23 ____
24 ____
25 ____

26
27
28
29
30
31
32
33
34
35
36
37
38
39
40
41
42
43
44
45
46
47
48
49
50
51
52
53
54
55

I Release This Intention To Manifest My Will With Love & Gratitude

Day 3 of 5 **Date:** ____________________

How Would This Manifestation Improve Your Life?

By Envisioning The Results Of Our Intentions We Empower The Law Of Attraction

1 ______
2 ______
3 ______
4 ______
5 ______
6 ______
7 ______
8 ______
9 ______
10 ______
11 ______
12 ______
13 ______
14 ______
15 ______
16 ______
17 ______
18 ______
19 ______
20 ______
21 ______
22 ______
23 ______
24 ______
25 ______

26
27
28
29
30
31
32
33
34
35
36
37
38
39
40
41
42
43
44
45
46
47
48
49
50
51
52
53
54
55

I Release This Intention To Manifest My Will With Love & Gratitude

Day 4 of 5 **Date:** ____________

Why Do You Feel A Need To Manifest This Intention?

Examine Why This Manifestation Attracts You, Either Consciously or Subconsciously

1 ______
2 ______
3 ______
4 ______
5 ______
6 ______
7 ______
8 ______
9 ______
10 ______
11 ______
12 ______
13 ______
14 ______
15 ______
16 ______
17 ______
18 ______
19 ______
20 ______
21 ______
22 ______
23 ______
24 ______
25 ______

26
27
28
29
30
31
32
33
34
35
36
37
38
39
40
41
42
43
44
45
46
47
48
49
50
51
52
53
54
55

I Release This Intention To Manifest My Will With Love & Gratitude

Day 5 of 5 **Date:** ____________

Why Are You Grateful For This Manifestation?

By Expressing Gratitude We Affirm To The Universe That Our Manifestation Exists

1 ____
2 ____
3 ____
4 ____
5 ____
6 ____
7 ____
8 ____
9 ____
10 ____
11 ____
12 ____
13 ____
14 ____
15 ____
16 ____
17 ____
18 ____
19 ____
20 ____
21 ____
22 ____
23 ____
24 ____
25 ____

Day 5

I Release This Intention To Manifest My Will With Love & Gratitude

555 Manifestation Completed! **Date:**________________

Manifested Intention

Write Your Intention Exactly As You Did On Day 1

Use this space to write out your manifestation success story (or attach photos , receipts , etc.). By documenting your successes you will make manifestations quicker and easier to accomplish by helping to eliminate your mental resistance and disbelief.

Day 1 of 5 Date:

Manifestation Intention

Write A Clear Description of Your Intended Manifestation As Though You Already Had it (Because You Do!)

1
2
3
4
5
6
7
8
9
10
11
12
13
14
15
16
17
18
19
20
21
22
23
24
25

Day 1

26
27
28
29
30
31
32
33
34
35
36
37
38
39
40
41
42
43
44
45
46
47
48
49
50
51
52
53
54
55

I Release This Intention To Manifest My Will With Love & Gratitude

Day 2 of 5 **Date:** ____________

Why Do You Desire This Manifestation?

Remember That The Clearer You Are About Your Intention The Easier It Is Manifest

1 ____________
2 ____________
3 ____________
4 ____________
5 ____________
6 ____________
7 ____________
8 ____________
9 ____________
10 ____________
11 ____________
12 ____________
13 ____________
14 ____________
15 ____________
16 ____________
17 ____________
18 ____________
19 ____________
20 ____________
21 ____________
22 ____________
23 ____________
24 ____________
25 ____________

Day 2

26
27
28
29
30
31
32
33
34
35
36
37
38
39
40
41
42
43
44
45
46
47
48
49
50
51
52
53
54
55

I Release This Intention To Manifest My Will With Love & Gratitude

Day 3 of 5

Date: ____________________

How Would This Manifestation Improve Your Life?

By Envisioning The Results Of Our Intentions We Empower The Law Of Attraction

1.
2.
3.
4.
5.
6.
7.
8.
9.
10.
11.
12.
13.
14.
15.
16.
17.
18.
19.
20.
21.
22.
23.
24.
25.

26
27
28
29
30
31
32
33
34
35
36
37
38
39
40
41
42
43
44
45
46
47
48
49
50
51
52
53
54
55

I Release This Intention To Manifest My Will With Love & Gratitude

Date: ____________________

Why Do You Feel A Need To Manifest This Intention?

Examine Why This Manifestation Attracts You, Either Consciously or Subconsciously

1 ____________________
2 ____________________
3 ____________________
4 ____________________
5 ____________________
6 ____________________
7 ____________________
8 ____________________
9 ____________________
10 ____________________
11 ____________________
12 ____________________
13 ____________________
14 ____________________
15 ____________________
16 ____________________
17 ____________________
18 ____________________
19 ____________________
20 ____________________
21 ____________________
22 ____________________
23 ____________________
24 ____________________
25 ____________________

26
27
28
29
30
31
32
33
34
35
36
37
38
39
40
41
42
43
44
45
46
47
48
49
50
51
52
53
54
55

I Release This Intention To Manifest My Will With Love & Gratitude

Day 5 of 5 Date:

Why Are You Grateful For This Manifestation?

By Expressing Gratitude We Affirm To The Universe That Our Manifestation Exists

1
2
3
4
5
6
7
8
9
10
11
12
13
14
15
16
17
18
19
20
21
22
23
24
25

26
27
28
29
30
31
32
33
34
35
36
37
38
39
40
41
42
43
44
45
46
47
48
49
50
51
52
53
54
55

I Release This Intention To Manifest My Will With Love & Gratitude

555 Manifestation Completed! **Date:________________**

Manifested Intention

Write Your Intention Exactly As You Did On Day 1

Use this space to write out your manifestation success story (or attach photos , receipts , etc.). By documenting your successes you will make manifestations quicker and easier to accomplish by helping to eliminate your mental resistance and disbelief.

Day 1 of 5 Date:

Manifestation Intention

Write A Clear Description of Your Intended Manifestation As Though You Already Had it (Because You Do!)

1
2
3
4
5
6
7
8
9
10
11
12
13
14
15
16
17
18
19
20
21
22
23
24
25

Day 1

26
27
28
29
30
31
32
33
34
35
36
37
38
39
40
41
42
43
44
45
46
47
48
49
50
51
52
53
54
55

I Release This Intention To Manifest My Will With Love & Gratitude

Day 2 of 5 Date:

Why Do You Desire This Manifestation?

Remember That The Clearer You Are About Your Intention The Easier It Is Manifest

1
2
3
4
5
6
7
8
9
10
11
12
13
14
15
16
17
18
19
20
21
22
23
24
25

Day 2

I Release This Intention To Manifest My Will With Love & Gratitude

Day 3 of 5

Date: ____________________

How Would This Manifestation Improve Your Life?

By Envisioning The Results Of Our Intentions We Empower The Law Of Attraction

26
27
28
29
30
31
32
33
34
35
36
37
38
39
40
41
42
43
44
45
46
47
48
49
50
51
52
53
54
55

I Release This Intention To Manifest My Will With Love & Gratitude

Day 4 of 5 Date:______________

Why Do You Feel A Need To Manifest This Intention?

Examine Why This Manifestation Attracts You, Either Consciously or Subconsciously

1 ______
2 ______
3 ______
4 ______
5 ______
6 ______
7 ______
8 ______
9 ______
10 ______
11 ______
12 ______
13 ______
14 ______
15 ______
16 ______
17 ______
18 ______
19 ______
20 ______
21 ______
22 ______
23 ______
24 ______
25 ______

26
27
28
29
30
31
32
33
34
35
36
37
38
39
40
41
42
43
44
45
46
47
48
49
50
51
52
53
54
55

I Release This Intention To Manifest My Will With Love & Gratitude

Day 5 of 5 Date: ____________

Why Are You Grateful For This Manifestation?

By Expressing Gratitude We Affirm To The Universe That Our Manifestation Exists

1 ____
2 ____
3 ____
4 ____
5 ____
6 ____
7 ____
8 ____
9 ____
10 ____
11 ____
12 ____
13 ____
14 ____
15 ____
16 ____
17 ____
18 ____
19 ____
20 ____
21 ____
22 ____
23 ____
24 ____
25 ____

26
27
28
29
30
31
32
33
34
35
36
37
38
39
40
41
42
43
44
45
46
47
48
49
50
51
52
53
54
55

I Release This Intention To Manifest My Will With Love & Gratitude

555 Manifestation Completed! **Date:**______________

Manifested Intention

Write Your Intention Exactly As You Did On Day 1

Use this space to write out your manifestation success story (or attach photos , receipts , etc.). By documenting your successes you will make manifestations quicker and easier to accomplish by helping to eliminate your mental resistance and disbelief.

Day 1 of 5 **Date:** ____________

Manifestation Intention

Write A Clear Description of Your Intended Manifestation As Though You Already Had it (Because You Do!)

1 ____
2 ____
3 ____
4 ____
5 ____
6 ____
7 ____
8 ____
9 ____
10 ____
11 ____
12 ____
13 ____
14 ____
15 ____
16 ____
17 ____
18 ____
19 ____
20 ____
21 ____
22 ____
23 ____
24 ____
25 ____

Day 1

26

27

28

29

30

31

32

33

34

35

36

37

38

39

40

41

42

43

44

45

46

47

48

49

50

51

52

53

54

55

I Release This Intention To Manifest My Will With Love & Gratitude

Day 2 of 5 Date:

Why Do You Desire This Manifestation?

Remember That The Clearer You Are About Your Intention The Easier It Is Manifest

1
2
3
4
5
6
7
8
9
10
11
12
13
14
15
16
17
18
19
20
21
22
23
24
25

Day 2

26

27

28

29

30

31

32

33

34

35

36

37

38

39

40

41

42

43

44

45

46

47

48

49

50

51

52

53

54

55

I Release This Intention To Manifest My Will With Love & Gratitude

Day 3 of 5 Date:

How Would This Manifestation Improve Your Life?

By Envisioning The Results Of Our Intentions We Empower The Law Of Attraction

1

2

3

4

5

6

7

8

9

10

11

12

13

14

15

16

17

18

19

20

21

22

23

24

25

Day 3

26
27
28
29
30
31
32
33
34
35
36
37
38
39
40
41
42
43
44
45
46
47
48
49
50
51
52
53
54
55

I Release This Intention To Manifest My Will With Love & Gratitude

Day 4 of 5 **Date:**______________

Why Do You Feel A Need To Manifest This Intention?

Examine Why This Manifestation Attracts You, Either Consciously or Subconsciously

Day 4

26

27

28

29

30

31

32

33

34

35

36

37

38

39

40

41

42

43

44

45

46

47

48

49

50

51

52

53

54

55

I Release This Intention To Manifest My Will With Love & Gratitude

Day 5 of 5 Date: ____________

Why Are You Grateful For This Manifestation?

By Expressing Gratitude We Affirm To The Universe That Our Manifestation Exists

1 ____
2 ____
3 ____
4 ____
5 ____
6 ____
7 ____
8 ____
9 ____
10 ____
11 ____
12 ____
13 ____
14 ____
15 ____
16 ____
17 ____
18 ____
19 ____
20 ____
21 ____
22 ____
23 ____
24 ____
25 ____

26
27
28
29
30
31
32
33
34
35
36
37
38
39
40
41
42
43
44
45
46
47
48
49
50
51
52
53
54
55

I Release This Intention To Manifest My Will With Love & Gratitude

555 Manifestation Completed! **Date:____________**

Manifested Intention

Write Your Intention Exactly As You Did On Day 1

Use this space to write out your manifestation success story (or attach photos , receipts , etc.). By documenting your successes you will make manifestations quicker and easier to accomplish by helping to eliminate your mental resistance and disbelief.

Day 1 of 5 Date:

Manifestation Intention

Write A Clear Description of Your Intended Manifestation As Though You Already Had it (Because You Do!)

1
2
3
4
5
6
7
8
9
10
11
12
13
14
15
16
17
18
19
20
21
22
23
24
25

Day 1

26

27

28

29

30

31

32

33

34

35

36

37

38

39

40

41

42

43

44

45

46

47

48

49

0

1

2

3

4

5

I Release This Intention To Manifest My Will With Love & Gratitude

Day 2 of 5 **Date:** ____________

Why Do You Desire This Manifestation?

Remember That The Clearer You Are About Your Intention The Easier It Is Manifest

1
2
3
4
5
6
7
8
9
10
11
12
13
14
15
16
17
18
19
20
21
22
23
24
25

I Release This Intention To Manifest My Will With Love & Gratitude

Day 3 of 5 Date:______________

How Would This Manifestation Improve Your Life?

By Envisioning The Results Of Our Intentions We Empower The Law Of Attraction

1 ______
2 ______
3 ______
4 ______
5 ______
6 ______
7 ______
8 ______
9 ______
10 ______
11 ______
12 ______
13 ______
14 ______
15 ______
16 ______
17 ______
18 ______
19 ______
20 ______
21 ______
22 ______
23 ______
24 ______
25 ______

Day 3

26
27
28
29
30
31
32
33
34
35
36
37
38
39
40
41
42
43
44
45
46
47
48
49
50
51
52
53
54
55

I Release This Intention To Manifest My Will With Love & Gratitude

Day 4 of 5 **Date:**

Why Do You Feel A Need To Manifest This Intention?

Examine Why This Manifestation Attracts You, Either Consciously or Subconsciously

1
2
3
4
5
6
7
8
9
10
11
12
13
14
15
16
17
18
19
20
21
22
23
24
25

Day 4

26
27
28
29
30
31
32
33
34
35
36
37
38
39
40
41
42
43
44
45
46
47
48
49
50
51
52
53
54
55

I Release This Intention To Manifest My Will With Love & Gratitude

Day 5 of 5 Date:__________

Why Are You Grateful For This Manifestation?

By Expressing Gratitude We Affirm To The Universe That Our Manifestation Exists

1
2
3
4
5
6
7
8
9
10
11
12
13
14
15
16
17
18
19
20
21
22
23
24
25

Day 5

26
27
28
29
30
31
32
33
34
35
36
37
38
39
40
41
42
43
44
45
46
47
48
49
50
51
52
53
54
55

I Release This Intention To Manifest My Will With Love & Gratitude

555 Manifestation Completed! Date:________________

Manifested Intention

Write Your Intention Exactly As You Did On Day 1

Use this space to write out your manifestation success story (or attach photos , receipts , etc.). By documenting your successes you will make manifestations quicker and easier to accomplish by helping to eliminate your mental resistance and disbelief.

Day 1 of 5 Date:

Manifestation Intention

Write A Clear Description of Your Intended Manifestation As Though You Already Had it (Because You Do!)

1
2
3
4
5
6
7
8
9
10
11
12
13
14
15
16
17
18
19
20
21
22
23
24
25

Day 1

26
27
28
29
30
31
32
33
34
35
36
37
38
39
40
41
42
43
44
45
46
47
48
49
50
51
52
53
54
55

I Release This Intention To Manifest My Will With Love & Gratitude

Day 2 of 5 **Date:** ____________________

Why Do You Desire This Manifestation?

Remember That The Clearer You Are About Your Intention The Easier It Is Manifest

1 ____________________
2 ____________________
3 ____________________
4 ____________________
5 ____________________
6 ____________________
7 ____________________
8 ____________________
9 ____________________
10 ____________________
11 ____________________
12 ____________________
13 ____________________
14 ____________________
15 ____________________
16 ____________________
17 ____________________
18 ____________________
19 ____________________
20 ____________________
21 ____________________
22 ____________________
23 ____________________
24 ____________________
25 ____________________

26

27

28

29

30

31

32

33

34

35

36

37

38

39

40

41

42

43

44

45

46

47

48

49

50

51

52

53

54

55

I Release This Intention To Manifest My Will With Love & Gratitude

Day 3 of 5 **Date:** ____________________

How Would This Manifestation Improve Your Life?

By Envisioning The Results Of Our Intentions We Empower The Law Of Attraction

1 ______
2 ______
3 ______
4 ______
5 ______
6 ______
7 ______
8 ______
9 ______
10 ______
11 ______
12 ______
13 ______
14 ______
15 ______
16 ______
17 ______
18 ______
19 ______
20 ______
21 ______
22 ______
23 ______
24 ______
25 ______

26
27
28
29
30
31
32
33
34
35
36
37
38
39
40
41
42
43
44
45
46
47
48
49
50
51
52
53
54
55

I Release This Intention To Manifest My Will With Love & Gratitude

Day 4 of 5 **Date:** ______

Why Do You Feel A Need To Manifest This Intention?

Examine Why This Manifestation Attracts You, Either Consciously or Subconsciously

1
2
3
4
5
6
7
8
9
10
11
12
13
14
15
16
17
18
19
20
21
22
23
24
25

26
27
28
29
30
31
32
33
34
35
36
37
38
39
40
41
42
43
44
45
46
47
48
49
50
51
52
53
54
55

I Release This Intention To Manifest My Will With Love & Gratitude

Day 5 of 5 Date: ____________________

Why Are You Grateful For This Manifestation?

By Expressing Gratitude We Affirm To The Universe That Our Manifestation Exists

1 ____
2 ____
3 ____
4 ____
5 ____
6 ____
7 ____
8 ____
9 ____
10 ____
11 ____
12 ____
13 ____
14 ____
15 ____
16 ____
17 ____
18 ____
19 ____
20 ____
21 ____
22 ____
23 ____
24 ____
25 ____

26
27
28
29
30
31
32
33
34
35
36
37
38
39
40
41
42
43
44
45
46
47
48
49
50
51
52
53
54
55

I Release This Intention To Manifest My Will With Love & Gratitude

555 Manifestation Completed! **Date:**______________

Manifested Intention

Write Your Intention Exactly As You Did On Day 1

Use this space to write out your manifestation success story (or attach photos , receipts , etc.). By documenting your successes you will make manifestations quicker and easier to accomplish by helping to eliminate your mental resistance and disbelief.

Day 1 of 5 Date:

Manifestation Intention

Write A Clear Description of Your Intended Manifestation As Though You Already Had it (Because You Do!)

1
2
3
4
5
6
7
8
9
10
11
12
13
14
15
16
17
18
19
20
21
22
23
24
25

Day 1

26
27
28
29
30
31
32
33
34
35
36
37
38
39
40
41
42
43
44
45
46
47
48
49
50
51
52
53
54
55

I Release This Intention To Manifest My Will With Love & Gratitude

Day 2 of 5 Date:_______________

Why Do You Desire This Manifestation?

Remember That The Clearer You Are About Your Intention The Easier It Is Manifest

1 ______________________________
2 ______________________________
3 ______________________________
4 ______________________________
5 ______________________________
6 ______________________________
7 ______________________________
8 ______________________________
9 ______________________________
10 ______________________________
11 ______________________________
12 ______________________________
13 ______________________________
14 ______________________________
15 ______________________________
16 ______________________________
17 ______________________________
18 ______________________________
19 ______________________________
20 ______________________________
21 ______________________________
22 ______________________________
23 ______________________________
24 ______________________________
25 ______________________________

Day 2

26
27
28
29
30
31
32
33
34
35
36
37
38
39
40
41
42
43
44
45
46
47
48
49
50
51
52
53
54
55

I Release This Intention To Manifest My Will With Love & Gratitude

Date: ____________________

How Would This Manifestation Improve Your Life?

By Envisioning The Results Of Our Intentions We Empower The Law Of Attraction

1 ____________________
2 ____________________
3 ____________________
4 ____________________
5 ____________________
6 ____________________
7 ____________________
8 ____________________
9 ____________________
10 ____________________
11 ____________________
12 ____________________
13 ____________________
14 ____________________
15 ____________________
16 ____________________
17 ____________________
18 ____________________
19 ____________________
20 ____________________
21 ____________________
22 ____________________
23 ____________________
24 ____________________
25 ____________________

26
27
28
29
30
31
32
33
34
35
36
37
38
39
40
41
42
43
44
45
46
47
48
49
50
51
52
53
54
55

I Release This Intention To Manifest My Will With Love & Gratitude

Day 4 of 5 Date:

Why Do You Feel A Need To Manifest This Intention?

Examine Why This Manifestation Attracts You, Either Consciously or Subconsciously

1
2
3
4
5
6
7
8
9
10
11
12
13
14
15
16
17
18
19
20
21
22
23
24
25

26
27
28
29
30
31
32
33
34
35
36
37
38
39
40
41
42
43
44
45
46
47
48
49
50
51
52
53
54
55

I Release This Intention To Manifest My Will With Love & Gratitude

Day 5 of 5 Date: ____________

Why Are You Grateful For This Manifestation?

By Expressing Gratitude We Affirm To The Universe That Our Manifestation Exists

1 ____
2 ____
3 ____
4 ____
5 ____
6 ____
7 ____
8 ____
9 ____
10 ____
11 ____
12 ____
13 ____
14 ____
15 ____
16 ____
17 ____
18 ____
19 ____
20 ____
21 ____
22 ____
23 ____
24 ____
25 ____

26
27
28
29
30
31
32
33
34
35
36
37
38
39
40
41
42
43
44
45
46
47
48
49
50
51
52
53
54
55

I Release This Intention To Manifest My Will With Love & Gratitude

555 Manifestation Completed! **Date:**______________

Manifested Intention

Write Your Intention Exactly As You Did On Day 1

Use this space to write out your manifestation success story (or attach photos , receipts , etc.). By documenting your successes you will make manifestations quicker and easier to accomplish by helping to eliminate your mental resistance and disbelief.

Day 1 of 5 **Date:**________________

Manifestation Intention

Write A Clear Description of Your Intended Manifestation As Though You Already Had it (Because You Do!)

1___
2___
3___
4___
5___
6___
7___
8___
9___
10___
11___
12___
13___
14___
15___
16___
17___
18___
19___
20___
21___
22___
23___
24___
25___

Day 1

26
27
28
29
30
31
32
33
34
35
36
37
38
39
40
41
42
43
44
45
46
47
48
49
50
51
52
53
54
55

I Release This Intention To Manifest My Will With Love & Gratitude

Day 2 of 5 **Date:** ____________

Why Do You Desire This Manifestation?

Remember That The Clearer You Are About Your Intention The Easier It Is Manifest

1 ____
2 ____
3 ____
4 ____
5 ____
6 ____
7 ____
8 ____
9 ____
10 ____
11 ____
12 ____
13 ____
14 ____
15 ____
16 ____
17 ____
18 ____
19 ____
20 ____
21 ____
22 ____
23 ____
24 ____
25 ____

26
27
28
29
30
31
32
33
34
35
36
37
38
39
40
41
42
43
44
45
46
47
48
49
50
51
52
53
54
55

I Release This Intention To Manifest My Will With Love & Gratitude

Day 3 of 5 **Date:** ____________________

How Would This Manifestation Improve Your Life?

By Envisioning The Results Of Our Intentions We Empower The Law Of Attraction

1 ______
2 ______
3 ______
4 ______
5 ______
6 ______
7 ______
8 ______
9 ______
10 ______
11 ______
12 ______
13 ______
14 ______
15 ______
16 ______
17 ______
18 ______
19 ______
20 ______
21 ______
22 ______
23 ______
24 ______
25 ______

Day 3

26
27
28
29
30
31
32
33
34
35
36
37
38
39
40
41
42
43
44
45
46
47
48
49
50
51
52
53
54
55

I Release This Intention To Manifest My Will With Love & Gratitude

Day 4 of 5 Date: ____________________

Why Do You Feel A Need To Manifest This Intention?

Examine Why This Manifestation Attracts You, Either Consciously or Subconsciously

1 ____________________
2 ____________________
3 ____________________
4 ____________________
5 ____________________
6 ____________________
7 ____________________
8 ____________________
9 ____________________
10 ____________________
11 ____________________
12 ____________________
13 ____________________
14 ____________________
15 ____________________
16 ____________________
17 ____________________
18 ____________________
19 ____________________
20 ____________________
21 ____________________
22 ____________________
23 ____________________
24 ____________________
25 ____________________

Day 4

26
27
28
29
30
31
32
33
34
35
36
37
38
39
40
41
42
43
44
45
46
47
48
49
50
51
52
53
54
55

I Release This Intention To Manifest My Will With Love & Gratitude

Day 5 of 5 Date:

Why Are You Grateful For This Manifestation?

By Expressing Gratitude We Affirm To The Universe That Our Manifestation Exists

1
2
3
4
5
6
7
8
9
10
11
12
13
14
15
16
17
18
19
20
21
22
23
24
25

26
27
28
29
30
31
32
33
34
35
36
37
38
39
40
41
42
43
44
45
46
47
48
49
50
51
52
53
54
55

I Release This Intention To Manifest My Will With Love & Gratitude

555 Manifestation Completed! Date:________________

Manifested Intention

Write Your Intention Exactly As You Did On Day 1

Use this space to write out your manifestation success story (or attach photos , receipts , etc.). By documenting your successes you will make manifestations quicker and easier to accomplish by helping to eliminate your mental resistance and disbelief.

Day 1 of 5 Date: ____________

Manifestation Intention

Write A Clear Description of Your Intended Manifestation As Though You Already Had it (Because You Do!)

1 ____________
2 ____________
3 ____________
4 ____________
5 ____________
6 ____________
7 ____________
8 ____________
9 ____________
10 ____________
11 ____________
12 ____________
13 ____________
14 ____________
15 ____________
16 ____________
17 ____________
18 ____________
19 ____________
20 ____________
21 ____________
22 ____________
23 ____________
24 ____________
25 ____________

26
27
28
29
30
31
32
33
34
35
36
37
38
39
40
41
42
43
44
45
46
47
48
49
50
51
52
53
54
55

I Release This Intention To Manifest My Will With Love & Gratitude

Day 2 of 5 Date: ____________

Why Do You Desire This Manifestation?

Remember That The Clearer You Are About Your Intention The Easier It Is Manifest

1 ____
2 ____
3 ____
4 ____
5 ____
6 ____
7 ____
8 ____
9 ____
10 ____
11 ____
12 ____
13 ____
14 ____
15 ____
16 ____
17 ____
18 ____
19 ____
20 ____
21 ____
22 ____
23 ____
24 ____
25 ____

Day 2

26
27
28
29
30
31
32
33
34
35
36
37
38
39
40
41
42
43
44
45
46
47
48
49
50
51
52
53
54
55

I Release This Intention To Manifest My Will With Love & Gratitude

Day 3 of 5 Date:

How Would This Manifestation Improve Your Life?

By Envisioning The Results Of Our Intentions We Empower The Law Of Attraction

1
2
3
4
5
6
7
8
9
10
11
12
13
14
15
16
17
18
19
20
21
22
23
24
25

26
27
28
29
30
31
32
33
34
35
36
37
38
39
40
41
42
43
44
45
46
47
48
49
50
51
52
53
54
55

I Release This Intention To Manifest My Will With Love & Gratitude

Day 4 of 5 Date: ____________

Why Do You Feel A Need To Manifest This Intention?

Examine Why This Manifestation Attracts You, Either Consciously or Subconsciously

1 ____
2 ____
3 ____
4 ____
5 ____
6 ____
7 ____
8 ____
9 ____
10 ____
11 ____
12 ____
13 ____
14 ____
15 ____
16 ____
17 ____
18 ____
19 ____
20 ____
21 ____
22 ____
23 ____
24 ____
25 ____

Day 4

26
27
28
29
30
31
32
33
34
35
36
37
38
39
40
41
42
43
44
45
46
47
48
49
50
51
52
53
54
55

I Release This Intention To Manifest My Will With Love & Gratitude

Day 5 of 5 Date:

Why Are You Grateful For This Manifestation?

By Expressing Gratitude We Affirm To The Universe That Our Manifestation Exists

1
2
3
4
5
6
7
8
9
10
11
12
13
14
15
16
17
18
19
20
21
22
23
24
25

26
27
28
29
30
31
32
33
34
35
36
37
38
39
40
41
42
43
44
45
46
47
48
49
50
51
52
53
54
55

I Release This Intention To Manifest My Will With Love & Gratitude

555 Manifestation Completed! **Date:________________**

Manifested Intention

Write Your Intention Exactly As You Did On Day 1

Use this space to write out your manifestation success story (or attach photos , receipts , etc.). By documenting your successes you will make manifestations quicker and easier to accomplish by helping to eliminate your mental resistance and disbelief.

Day 1 of 5 **Date:** ____________

Manifestation Intention

Write A Clear Description of Your Intended Manifestation As Though You Already Had it (Because You Do!)

1 ____
2 ____
3 ____
4 ____
5 ____
6 ____
7 ____
8 ____
9 ____
10 ____
11 ____
12 ____
13 ____
14 ____
15 ____
16 ____
17 ____
18 ____
19 ____
20 ____
21 ____
22 ____
23 ____
24 ____
25 ____

Day 1

26
27
28
29
30
31
32
33
34
35
36
37
38
39
40
41
42
43
44
45
46
47
48
49
50
51
52
53
54
55

I Release This Intention To Manifest My Will With Love & Gratitude

Day 2 of 5 Date: ____________

Why Do You Desire This Manifestation?

Remember That The Clearer You Are About Your Intention The Easier It Is Manifest

1 ____
2 ____
3 ____
4 ____
5 ____
6 ____
7 ____
8 ____
9 ____
10 ____
11 ____
12 ____
13 ____
14 ____
15 ____
16 ____
17 ____
18 ____
19 ____
20 ____
21 ____
22 ____
23 ____
24 ____
25 ____

Day 2

26

27

28

29

30

31

32

33

34

35

36

37

38

39

40

41

42

43

44

45

46

47

48

49

50

51

52

53

54

55

I Release This Intention To Manifest My Will With Love & Gratitude

Day 3 of 5 Date:____________________

How Would This Manifestation Improve Your Life?

By Envisioning The Results Of Our Intentions We Empower The Law Of Attraction

1 ____________________
2 ____________________
3 ____________________
4 ____________________
5 ____________________
6 ____________________
7 ____________________
8 ____________________
9 ____________________
10 ____________________
11 ____________________
12 ____________________
13 ____________________
14 ____________________
15 ____________________
16 ____________________
17 ____________________
18 ____________________
19 ____________________
20 ____________________
21 ____________________
22 ____________________
23 ____________________
24 ____________________
25 ____________________

26
27
28
29
30
31
32
33
34
35
36
37
38
39
40
41
42
43
44
45
46
47
48
49
50
51
52
53
54
55

I Release This Intention To Manifest My Will With Love & Gratitude

Day 4 of 5 Date: ____________

Why Do You Feel A Need To Manifest This Intention?

Examine Why This Manifestation Attracts You, Either Consciously or Subconsciously

26
27
28
29
30
31
32
33
34
35
36
37
38
39
40
41
42
43
44
45
46
47
48
49
50
51
52
53
54
55

I Release This Intention To Manifest My Will With Love & Gratitude

Day 5 of 5 Date: ____________

Why Are You Grateful For This Manifestation?

By Expressing Gratitude We Affirm To The Universe That Our Manifestation Exists

1 ____
2 ____
3 ____
4 ____
5 ____
6 ____
7 ____
8 ____
9 ____
10 ____
11 ____
12 ____
13 ____
14 ____
15 ____
16 ____
17 ____
18 ____
19 ____
20 ____
21 ____
22 ____
23 ____
24 ____
25 ____

Day 5

26
27
28
29
30
31
32
33
34
35
36
37
38
39
40
41
42
43
44
45
46
47
48
49
50
51
52
53
54
55

I Release This Intention To Manifest My Will With Love & Gratitude

555 Manifestation Completed! **Date:**________________

Manifested Intention

Write Your Intention Exactly As You Did On Day 1

Use this space to write out your manifestation success story (or attach photos , receipts , etc.). By documenting your successes you will make manifestations quicker and easier to accomplish by helping to eliminate your mental resistance and disbelief.